SEI UN ESSERE SPECIALE

-

ANDREA MICHELE GAFFO

RINGRAZIAMENTI

A mia madre LINA RICCI , una donna incredibile che mi ha insegnato la compassione e l'amore incondizionato per la sua famiglia , suo marito e i suoi figli.
"Grazie di esistere."

A mia padre RAFFAELLO FRANCESCO GAFFO , un uomo pieno di amore che nonostante i suoi mille errori ha sempre agito a fin di bene per il benessere della sua famiglia e che mi ha insegnato cosa voglia dire la determinazione e la forza dell'anima anche durante i suoi ultimi anni di vita.
"Vivrai per sempre nel soffio della mia anima."

Alla mia compagna di vita ALESSANDRA TONOLI , una bambina, ragazza , donna e madre spettacolare e piena di energia positiva che mi ha permesso di crescere e di maturare portando estrema pazienza e che mi ha insegnato ad amare nel modo corretto concedendomi il dono della speranza di avere te, figlio o figlia mia.
"Amore infinito ed eterno."

Ai miei nipoti ASIA , KELLY e WILLIAM per essere nati e per avermi insegnato che la vita può essere meravigliosa anche se è piena di sofferenza e che niente e nessuno potrà mai impedirmi di vivere felicemente. "Amore incondizionato."

Al mio amico di lunga data MICHAEL BRIATICO, un saggio pazzo anticonformista che mi ha accompagnato durante tutta la mia crescita standomi ad ascoltare infinite ore e mettendo in discussione ogni mia singola idea rendendola migliore e più matura sotto ogni punto di vista e che mi ha fatto capire che esistono anche idee differenti dalla mia. "Segui il flusso."

Alla mia amica CHIARA FERIN, una donna piena di spiritualità capace di capirmi e di comprendermi e di indirizzarmi sempre nella giusta direzione che mi ha insegnato che non esisterebbe il bene senza il male e che va sempre ricercato l'equilibrio in ogni cosa. "Non pensare troppo."

All' UNIVERSO per esistere e per mandarmi continuamente messaggi d'amore attraverso ogni singolo essere vivente.

A TE che sei un essere speciale.

CAPITOLO ZERO - PARADOSSO DELLA DIVINITÀ

Tutti gli umani ambiscono ad essere delle divinità, è il loro desiderio latente più grande dal quale si sviluppano poi le personalità e il carattere di ognuno nonché i loro obbiettivi, le loro missioni di vita, le loro paure e i loro sogni e desideri minori. Ogni scelta, ogni pensiero, ogni sensazione dipende da come noi ci immaginiamo DIO e da come cerchiamo di emularlo per essere ritenuti delle divinità dagli altri esseri umani.

Ma gli umani detestano Dio, lo invidiano, lo odiano perché sanno di essere solo degli esseri viventi destinati alla morte mentre Dio è Divino e Immortale.

Questo paradosso porta un essere umano ad avere la sua prima NEVROSI o CONFLITTO nonché il peggiore e dalla quale poi si svilupperanno gli altri. AMA sé stesso ma al contempo si ODIA.

CAPITOLO 1 – CONSAPEVOLEZZA GENERALE

la realtà, l'etica e le intenzioni, la morale, la logica, i diritti e i doveri e l'apertura mentale

LA REALTÀ

Per secoli l'uomo ha cercato di dare una definizione della realtà senza però giungere ad una teoria definitiva e certa supportata da prove ma è giunto alla conclusione che possano esistere delle realtà di fatto.

Tutto ciò che è osservabile, quantificabile, misurabile, indagabile e sperimentabile, tutto ciò che può essere definito un elemento certo, inconfutabile, basato sull' osservazione e sulla sperimentazione è ritenuto una realtà di fatto.

Ci sono cose o eventi, però, che l'essere umano non è ancora riuscito a dimostrare e prima ancora che l'essere umano non è ancora riuscito a scoprire, capire e/o osservare in un modo totalmente oggettivo e inconfutabile.

La realtà di fatto non è la realtà nella sua totalità ma solo ciò che l'essere umano conosce, ha scoperto, ha indagato , ha sperimentato e infine dimostrato. Essa quindi non esclude che in futuro l'essere umano possa confutare o smentire una realtà di fatto prima di allora riconosciuta come tale o scoprire che una cosa dapprima astratta possa diventare poi una realtà di fatto.

L'essere umano, nonostante abbia come scopo quello di spiegare la realtà attraverso la scienza, non sarà mai in grado di capirla totalmente. Ogni teoria può essere confutata se vista sotto diversi punti di vista e spesso un dato evento, come dimostrato nella fisica quantistica, può variare a seconda di come lo si osserva.

Non esiste la verità assoluta ma solo la verità alla quale il nostro livello di coscienza può decretare come tale nel contesto e nel tempo nella quale è stata pensata, metabolizzata, studiata e compresa.

Metti sempre in dubbio tutto prendendo in considerazione tutte le ipotesi disponibili quando ti trovi a dover affrontare la realtà. Non dare mai nulla per scontato e cerca sempre di approfondire ogni argomento che la società cerca di spacciarti come una realtà di fatto. Dubita anche delle mie parole e dei miei insegnamenti e cerca sempre di migliorare la tua visione della vita e della realtà.

Ricorda: La realtà va sempre messa in dubbio e allo stesso tempo accettata per quello che è ovvero mutevole nella sua natura e tendente sempre al cambiamento.

Nonostante questa indefinita concezione della realtà, ci sono cose nella vita che sono definite delle realtà di fatto alla quale la ragione dell'uomo non può fare altro che sottomettersi.

Esempio: Il fuoco brucia e provoca dolore e sofferenza se toccato.

La realtà di fatto più accettata dagli esseri umani, che conoscono fin da neonati e che accettano come tale, è il dolore fisico ed emotivo.

Possiamo quindi concludere che un azione ritenuta negativa o sbagliata è quella che , se ricevuta da noi stessi in precedenza, sappiamo con certezza che provochi dolore ad un essere umano. Al contrario un azione positiva e giusta è quell'azione che se commessa non provoca dolore a nessun essere vivente ma che anzi ne apporta un beneficio o un piacere.

L'essere umano non può sapere se un azione provochi dolore oppure no se non ha mai sperimentato la conseguenza di quella medesima azione prima di averla compiuta o se non l'ha appresa da un insegnante, sia esso un genitore, un amico, un maestro, uno sconosciuto o la vita stessa.

Esempio: Se non ti sei mai scottato in vita tua e nessuno ti ha mai spiegato che il calore può provocare dolore fisico, non saprai di certo che il toccare il fuoco può provocare dolore.

L'ETICA E LE INTENZIONI

Per comprendere veramente cosa sia giusto o sbagliato bisogna studiare, apprendere e capire i concetti di **ETICA** e di **INTENZIONE**. L'essere umano dovrebbe concentrare tutte le sue forze e spendere il suo tempo nel fare esperienze che gli permettano poi di capire più realtà di fatto possibili e quindi di non commettere azioni che obbiettivamente e oggettivamente provocherebbero dolore a un altro essere vivente o a sé stesso.

Se l'essere umano che ha compiuto l'azione non era a conoscenza degli effetti negativi dell'azione stessa e quindi non aveva **INTENZIONI** negative nel momento in cui l'ha pensata e messa in atto, esso non ha commesso alcuna azione eticamente ingiusta o negativa.

E' sempre l'intenzione che delinea l'etica di una persona e che decreta se le sue azioni sono eticamente giuste o ingiuste.

Esempio : Ti tiro la palla addosso. Perché l'ho fatto? Per gioco ? Per farti del male fisico? Per schernirti ? Per sbaglio ? E successivamente, quale sarà la mia reazione nello scoprire che quella data azione che ho commesso era negativa? Rifarò quell' azione ben sapendo che è fondamentalmente negativa ?

Esistono tre regole portanti che possono aiutarti a capire se un'azione è eticamente giusta e sono :

1- Fai agli altri ciò che desidereresti fosse fatto a te.

2- Non fare alcuna azione che possa ferire in qualsiasi modo un altro essere vivente o te stesso.

3- Per estrema necessità quale la sopravvivenza o la difesa della tua vita è consentita qualsiasi azione, sia essa positiva o negativa.

Ovviamente il concetto di estrema necessità andrebbe delineato ma possiamo semplificare dicendo che per estrema necessità si intende la salvaguardia della propria vita in un momento in cui la sua sicurezza e indennità è incontestabilmente e evidentemente messa in pericolo.

Esempio : una persona ti punta una pistola alla tempia e minaccia di ucciderti. Eticamente non è sbagliato cercare di difendersi con la forza perché la difesa della propria vita è sempre un'azione compiuta per estrema necessità. Inoltre è tuo dovere come essere umano tutelare la tua vita oltre che quella degli altri.

Ricorda : Quando ti trovi a dover compiere un' azione per estrema necessità cerca sempre di provocare meno dolore possibile nei confronti degli altri e di te stesso.

LA MORALE

Quando un essere umano non sa quale azione può provocare dolore perché non l'ha sperimentata, appresa o capita o quando non conosce l'etica entra in gioco la morale ovvero una serie di leggi scritte o orali che un essere umano è obbligato a rispettare per rimanere nel giusto e per non incorrere in delle punizioni da parte degli altri e da parte della società.

Queste leggi sono state scelte da un gruppo di esseri umani e vengono imposte a tutti i facenti parte o nati in quel gruppo.

Si può quindi dire che ci sono delle cose giuste o ingiuste etichettate come tali dalla società in cui si nasce e si vive e che queste vengano imposte con o senza il consenso dei nuovi nati nella società stessa.

La morale quindi può essere fallace e non realmente giusta in quanto è frutto delle idee di una società che si basa su una certa cultura di un certo periodo storico.

I DIRITTI E I DOVERI

L' Etica insieme alla Morale sono però due elementi molto soggetti alla cultura e alla società in cui un essere umano vive ed è cresciuto ed è per questo che dovrebbe comprendere che ha dei diritti.

I diritti sono quelle leggi universali incontestabili che ogni essere umano al mondo accetta di rispettare nei confronti degli altri cosicché anche gli altri le rispettino nei suoi confronti. Così facendo potrà garantire la sua stessa sopravvivenza. Ogni cultura e ogni società , però, rende ufficiali tali diritti a mano a mano che un gruppo più o meno considerevole di esseri umani che fanno parte della suddetta società comincia a sentire il bisogno di reclamarli.

Se però si pensa ai diritti più archetipici balza subito all'occhio che esista il diritto alla vita e, in quanto tale, un essere umano ha il diritto di vivere per il semplice fatto che è stato messo al mondo non per sua stessa scelta.

Tutti gli altri diritti fondamentali che, per esempio, ad oggi e nella società occidentale sono ormai accettati da tutti, come il diritto di espressione e di parola o il diritto all'istruzione e del lavoro, sono stati reclamati in secoli e secoli di storia umana. In questo momento ci sono persone che stanno lottando per far valere dei diritti che non sono scontati e non sono applicati dalla e nella società.

In egual modo l'essere umano ha anche dei DOVERI nei confronti di se' stesso e degli altri.

Quello più importante da rispettare è il dovere di vivere e di rispettare la vita altrui perseguendo la via dell'amore e della consapevolezza cercando di non arrecare danno o sofferenza agli altri esseri viventi.

Gli esseri umani hanno anche il dovere di aiutarsi a vicenda e di capire e prevedere quali azioni possono provocare dolore ad un altro essere vivente , inoltre hanno il dovere di insegnare agli altri esseri umani quali azioni sono negative e fonte di sofferenza per gli altri e per sé stessi.

Il miglior esempio che si può fare è quello del genitore che ha il compito fondamentale di istruire il proprio figlio nei primi anni di vita.

LA LOGICA

L' associazione che l'essere umano fa tra l'esperienza e la consapevolezza delle conseguenze delle proprie azioni può essere definita come logica .

Il livello di logica però può variare in un essere umano. Meno alto sarà il suo quoziente intellettivo o comunque meno avanzate saranno le sue varie forme di intelligenza (secondo il neuropsicologo Howard Gardner esistono almeno 8 forme di intelligenza umana) , meno alto sarà il suo livello di logica. La logica però può essere insegnata mostrando in svariati modi ad un essere umano le conseguenze e i risultati delle sue azioni e di quelle altrui e il perché esse siano negative oppure positive.

Se positive l'essere umano in questione dovrebbe gioire dei risultati positivi ottenuti dal ricevente di tali azioni, se negative dovrebbe essere empatico e percepire il dolore che tali azioni hanno provocato nel ricevente cosicché possa fare esperienza e di conseguenza non commettere la stessa azione negativa in futuro.

LA MENTALITA' APERTA

La logica, da sola, non basta ad un essere umano per capire cosa sia giusto o sbagliato così come non basta per raggiungere delle verità che non possono ancora essere dimostrate.

L'essere umano deve anche avere una mentalità aperta.

Con mentalità aperta si intende quella capacità da parte di un individuo di mettere in dubbio la realtà, di porsi delle domande, di chiedersi se le azioni che commette ogni giorno siano azioni positive o negative. Avere una mentalità aperta porta all'astrazione e all'immaginazione e successivamente all'intuizione e all'illuminazione. Avere una mentalità aperta significa non ergere dei muri verso le idee altrui e non pensare di avere la verità in pugno. Significa sapersi mettere in discussione e mettere in discussione sia le proprie convinzioni che le convinzioni degli altri, della scienza, delle religioni e dei maestri che incontrerà nella sua vita.

Al contrario avere una mentalità chiusa significa avere paura del cambiamento e del giudizio altrui, significa avere delle convinzioni radicate e cementificate nella propria mente che, anche davanti all'evidenza o a idee più ragionevoli delle proprie, non si riescono a cambiare.

Ti consiglio di studiare l'*olismo*, ovvero un modo di analizzare la realtà vedendo l'insieme dei vari elementi che la compongono e non un solo elemento alla volta. Il sistema olistico è tipicamente usato da persone dalla mentalità aperta che non escludono altri punti di vista oltre il proprio ma, anzi, usano diversi punti di vista per raggiungere la soluzione ad un dato problema.

CAPITOLO 2 – CONSAPEVOLEZZA DEGLI ALTRI

il rispetto, la fiducia, la compassione e la pena, le responsabilità e le conseguenze

il rispetto, la fiducia, la compassione e la pena, le responsabilità e le conseguenze

IL RISPETTO

Ora che abbiamo le basi della consapevolezza generale e un'apertura
mentale adeguata possiamo iniziare a capire di più sugli altri, su noi
stessi e sulla vita in generale.

Seguendo la regola d'oro dell'etica che dice di fare agli altri quello ciò
che desidereremmo fosse fatto a noi stessi ecco che emerge subito
un tratto fondamentale , il rispetto.

Il rispetto è semplicemente avere considerazione di un altro essere
vivente in quanto tale. Capire che tutti gli esseri viventi sono stati
messi al mondo non per loro scelta e che, per questo motivo, vanno
considerati al pari di noi stessi.
Rispetto significa quindi astenersi dal commettere atti lesivi o
offensivi verso qualunque essere umano o essere vivente.

Ovviamente gli animali e le piante sono anch'essi esseri viventi , per
questo andrebbe rispettata quanto più possibile anche la natura.

LA FIDUCIA

Dopo il rispetto ecco che la coscienza umana partorisce un altro importante tratto. La fiducia.
Fin da quando siamo nati dobbiamo necessariamente provare fiducia in qualcuno o qualcosa in quanto non siamo ancora in grado di badare da soli ai nostri bisogni primari come l'alimentazione o la sopravvivenza. Ci fidiamo dunque di chi ci nutre e di chi ci accudisce e protegge ovvero dei nostri genitori. Ci fidiamo così tanto di loro da apprendere qualunque cosa da loro durante i primi anni di vita. Vediamo i nostri tutori come ineffabili , esseri perfetti , divinità. Ben presto, però, crescendo e ricevendo input esterni da altre persone che non sono i nostri tutori principali ci scontriamo con la realtà di fatto che anche loro sono esseri umani e non divinità e che anche loro sbagliano e commettono errori, hanno difetti e commettono azioni sbagliate per i più disparati motivi che non riusciamo nemmeno a comprendere appieno. La fiducia comincia a sgretolarsi e si mette in dubbio. Se persino mio padre ha tradito la mia fiducia , cosa potrebbe fare un essere umano qualunque o uno sconosciuto ?

È qui che nascono e fioriscono dei tratti della personalità negativi come l'egoismo o la pena o la rabbia o l'invidia .
La delusione provocata dalle azioni negative delle persone che vediamo come divinità ci demolisce. Dio non è perfetto. Cominciamo così a creare il nostro pensiero e la nostra idea di divinità.
Un Dio nato dalle conseguenze delle azioni, spesso negative, dei nostri genitori, dei nostri tutori o insegnanti e delle nostre figure di riferimento.

Da questo punto in poi un essere umano continuerà a costruire l'immagine che ha del suo Dio e, contemporaneamente, cercherà di emularlo e di diventare a sua immagine e somiglianza.
Ci sono anche persone che non riescono ad avere un astrazione tale da permettergli di costruire il proprio Dio e per questo motivo continueranno a cercare negli altri , nelle loro idee e nelle loro filosofie questa punto di riferimento.
Spesso chi ricerca Dio o la verità o un esempio da seguire in altre persone e non in sé stesso è una persona che ha avuto una mancanza genitoriale nella sua vita o che ha avuto un trauma per colpa di un loro genitore il quale ha destrutturato completamente la fiducia che l'individuo riponeva in lui.
Inoltre è più semplice seguire un Dio creato dalla cultura popolare o indotto e servito dalla società e dalla cultura di appartenenza come, per esempio, la televisione o i media, un politico , un imperatore, una divinità greca , un calciatore , un supereroe o un fotomodello. Tutte queste figure possono essere ritenute una specie di divinità da emulare, da seguire o adorare.

Tieni a mente che anche la scienza , il denaro , la tecnologia così come la natura , il mondo e l'universo possono essere ritenuti delle divinità e che un essere umano può vivere come supporter di queste divinità dedicando a loro ogni secondo del proprio tempo o comunque ritenendoli indispensabili nella loro vita e motivo di adorazione e/o odio nei loro confronti.

LA COMPASSIONE E LA PENA

Sempre seguendo la prima regola d'oro dell'etica, devi pensare a fondo a come vorresti che gli altri reagissero nei tuoi confronti a seguito di un tuo errore o una tua azione negativa commessa.

Come già sai, se avevi intenzioni negative hai sbagliato ed è tuo dovere impegnarti a non avere più intenzioni simili o uguali in futuro. Come reagiresti se sapessi che un essere umano ha commesso un' azione con lo scopo di farti soffrire ? Cosa proveresti per questo essere umano ? Lo perdoneresti ? Gli faresti capire che la sua azione provoca tantissimo dolore e che non è eticamente giusta ?

La risposta eticamente più giusta sarebbe quella di insegnare o mettere al corrente l' individuo che ha commesso un'azione negativa dell'esistenza dell'etica e delle intenzioni. Dargli una possibilità di capire l'erroneità della sua azione, provare compassione per lui e per la sua anima in quanto non aveva la consapevolezza del bene e del male, provare compassione per la sua anima non in pace con se stessa , logorata dalla sfiducia e la delusione che il suo Dio gli ha procurato , provare compassione per i traumi che ha vissuto.

La compassione e, prima ancora, l' empatia e l' altruismo sono l'inizio di tutto , sono la porta della via del bene . In contrapposizione alla compassione c'è un'altra via che potenzialmente si può percorrere ed è quella dell'odio , dell'apatia , dell'egoismo e della pena. La pena è una punizione ma, prima di tutto, è un sentimento negativo che si prova nei confronti di chi sbaglia . La pena è l'opposto della compassione in quanto non ha l' intenzione di migliorare l'individuo che ha commesso un errore ma ha solo l' intenzione di punirlo e di bandirlo dalla propria vita.

La punizione, essendo frutto della pena e anche se è stata inflitta a
fin di bene, non può ritenersi un'azione positiva. La compassione e il
perdono invece sono ritenute sempre delle azioni positive a
prescindere o meno dal risultato scaturito nell'individuo che ha
commesso un errore o uno sbaglio.

Che succede se l'individuo sbaglia ripetutamente anche dopo essere
stato messo davanti alla realtà di fatto del suo errore, alle
conseguenze delle sue azioni e dopo avergli fatto capire che un
azione negativa di quel tipo non va commessa e perpetuata ?

Si continua a provare compassione nei suoi confronti e si cerca
insistentemente di aiutarlo a capire quali sono le conseguenze delle
sue azioni negative , va educato, compatito e aiutato da tutto il
gruppo di individui in cui vive, deve essergli spiegato nuovamente
cosa sia l'etica. Se anche in questo caso e dopo ripetute volte non
riesce a comprendere cosa sia il bene e il male può intervenire la
morale ovvero quelle regole o leggi scelte in comune accordo dai
facenti parte di un gruppo di individui. La legge che è superpartes e
aldilà del bene e del male infliggerà una pena all'individuo.

La pena e il castigo può variare di intensità a seconda dell'errore
commesso. La prigionia priva del tempo e della libertà di un
individuo. L'esilio lo allontana dall'amore e dal supporto e dalla
protezione del gruppo. La morte lo priva della possibilità di vivere.
Anche la legge può tenere conto dei diritti fondamentali dell' essere
umano e può agire nel bene così come nel male. La pena può e deve
essere rieducativa e propensa al miglioramento e al reintegramento
della persona che ha commesso un errore nel gruppo di
appartenenza. Non dovrebbe essere proibitiva, non dovrebbe

procurare ulteriore dolore nell'individuo ma deve scaturire in lui la consapevolezza delle sue azioni e metterlo faccia a faccia con la responsabilità e le conseguenze delle proprie azioni.

LE RESPONSABILITÀ E LE CONSEGUENZE

La Responsabilità e la Conseguenza sono però due fattori che un essere umano può apprendere solo dopo aver fatto l'esperienza necessaria per comprenderle . Solo dopo aver fatto il percorso fino a qui descritto un essere umano può capire i suoi errori altrimenti sarà incapace di intendere e quindi anche le sue intenzioni negative saranno comprensibili e meno gravi di azioni commesse con intenzioni negative consapevoli.

La consapevolezza generale e la consapevolezza degli altri non sono le uniche branche della consapevolezza. Una volta comprese queste prime due si deve passare alla consapevolezza di sé stessi.

Seguendo la regola d'oro dell'etica del fare agli altri ciò che desidereresti fosse fatto a te, devi capire che anche tu, come individuo, necessiti di rispetto e di fiducia da te stesso oltre che dagli altri. Ti devi fidare di te stesso e ti devi portare rispetto perché solo così puoi capire come rispettare gli altri. Devi voler migliorare e capire i tuoi errori e non commetterli più, devi saperti perdonare e provare compassione per te stesso, devi volerti bene , devi imparare ad accudirti e a prenderti cura di te prima di prenderti cura degli altri. Non sei un martire e non c'è motivo per cui tu dovresti diventarlo. Il sacrificio non è necessario. Basta avere rispetto per tutti e avere coscienza delle intenzioni delle proprie azioni cercando di non provocare dolore e sofferenza.

CAPITOLO 3 – CONSAPEVOLEZZA DI SE STESSI

l'auto-accettazione , le paure, l'ego e l'autostima , i desideri e l'ansia, l'aspettativa , i difetti e i pregi, gli istinti e le pulsioni, i bisogni essenziali

L'AUTO-ACCETTAZIONE

Ogni cosa descritta nella consapevolezza verso gli altri va applicata anche verso se stessi. Il tutto utilizzando anche la consapevolezza generale maturando così la propria identità , promuovendo l'auto accettazione e l'auto analisi di sé stessi.

È doloroso e fonte di paura fare questo lavoro di introspezione perché emergeranno i tuoi difetti e le tue debolezze ma questo non deve fermarti dal farlo. Tu punti ad essere un essere umano giusto, etico e "illuminato" non dimenticarlo. Sei dalla parte del bene non del male. Sei buono non cattivo. Anche se questo comporta fatica , non devi arrenderti e devi lottare per raggiungere il tuo obiettivo.

Accetta il dolore non scappare da esso. Accoglilo e metabolizzalo. Apprendi da esso e scusati con te stesso e con gli altri per averlo provocato o subito. Infine perdonati e perdona la fonte del dolore. Solo così potrai eliminare il male e generare bene.
Accetta ciò che sei, i tuoi limiti, i tuoi conflitti e cerca di migliorare sempre sotto ogni punto di vista.
Non pensare mai di essere arrivato ad un livello di perfezione, c'è sempre da imparare nella vita e c'è sempre qualcosa che devi migliorare di te stesso.
Accetta la realtà come qualcosa in continuo mutamento e costante cambiamento.
Accetta i tuoi errori e i tuoi sbagli e cerca di non commetterli più.
Questa è l'auto-accettazione.

LA PAURA

La paura ci accompagna sin dai primi attimi di vita e così come ci è indispensabile può anche essere ciò che più ci rende infelici e oppressi. Innanzitutto è bene delineare meglio i vari livelli di paura.

Primo livello ovvero la paura della morte.

Secondo livello ovvero la paura della vita.

Il primo livello è banalmente riassumibile con la paura di morire e di soffrire fisicamente o di provare dolore ed è dettato principalmente dall'istinto di sopravvivenza. Sulla paura della morte ci torneremo in seguito e sulla paura di soffrire e di provare dolore ne abbiamo già parlato nei capitoli precedenti.
Molte fobie degli esseri umani derivano proprio da questo istinto di sopravvivenza.

Ciò che va analizzata e compresa ora è la paura della vita che risiede nel secondo livello.
La principale paura del secondo livello è la paura di non essere amati e da questa ne sorgono altre minori:

La paura di sbagliare e di far soffrire gli altri.
La paura di essere giudicati e derisi.
La paura di non essere accettati per quello che siamo.
La paura della solitudine e di essere esclusi.
La paura di essere sottomessi e di essere impotenti.
La paura di ricevere punizioni , castighi e rimproveri.
La paura di non essere creduti e di essere screditati.
La paura del rifiuto e di non essere calcolati.

Ovviamente queste paure sono lecite perché se si realizzano provocano tanta sofferenza in un essere umano.

Tutte queste paure sono legate al rapporto con gli altri esseri umani. Per i primi anni di vita e spesso per tutta la vita un essere umano crede ciecamente che solo gli altri esseri umani possano donargli ciò che desidera più di ogni altra cosa , l'amore.

L' EGO

A causa della privazione dell' amore , spesso esercitata dagli altri nei nostri confronti in modo ingiusto, magari a causa di una incomprensione o un malinteso, e altre volte a causa di un errore o sbaglio commesso inconsapevolmente o meno da noi stessi verso gli altri, ci sentiamo feriti e delusi e tutto ciò ci provoca sofferenza. Cominceremo così a dispensare il nostro amore lesinandolo, cominceremo a perdere fiducia negli altri , cominceremo a vedere gli altri come dei nemici sempre pronti a farci del male, diventeremo diffidenti , irrispettosi, aggressivi e lentamente ci convinceremo che l'amore e la stima degli altri sia qualcosa di effimero , che l'amore debba essere preteso o ottenuto con la forza oppure guadagnandolo.

Quelle poche volte che riusciamo ad ottenere l' amore che desideriamo ardentemente ce ne attacchiamo e diventiamo possessivi , gelosi e dipendenti da esso maturando ancora più paura di perderlo.

Quando non riusciamo ad ottenerlo o in quei momenti che non lo possediamo o quando inevitabilmente commettiamo degli errori e riceviamo delle punizioni o delle privazioni di amore (anche in tenera età) ricerchiamo tale amore in noi stessi sviluppando l'ego, in psicologia definito come "IO" o "SÉ" o "IDENTITÀ" maturando così la nostra Autostima.

Parleremo dell'autostima in seguito, Ciò che ti serve sapere ora è che se seguirai ciò che ti ho spiegato nei capitoli precedenti riguardanti l'etica e le intenzioni delle tue azioni e applicherai quei concetti anche in situazioni estreme come la privazione dell'amore e la mancanza dell'amore riuscirai a sviluppare un ego sano che non sfrutta i meccanismi malsani per ottenere amore ma che , invece, agirà nel bene attraverso il perdono, la compassione e il non attaccamento evitando così la rabbia , la gelosia, l'invidia e ogni altra forma di sentimento negativo. Agendo nel bene produrrai inevitabilmente del bene così come agendo nel male produrrai inevitabilmente dei risultati negativi. Non illuderti del contrario anche se ti sembrerà di ottenere qualcosa di positivo agendo nel male alla lunga ti si riverserà contro facendoti soffrire, sporcandoti la coscienza e facendo nascere in te estremi sensi di colpa, rimorsi e rimpianti.

Ciò che invece voglio spiegarti riguardo all'ego sano e all'autostima è semplicemente il concetto che prima di dispensare amore per gli altri devi imparare ad amare te stesso, perdonare te stesso per i tuoi errori, cercare di comprenderli e non commetterli più, ascoltarti e darti affetto, motivarti e spingerti a non cedere alla tentazione di compiere azioni non etiche per ottenere l'amore che tanto desideri.

Ricorda : l'amore non si ottiene con la forza , non è qualcosa che puoi conquistare o guadagnare. L'amore è spontaneo, naturale.

Ricevere l'amore grazie alle tue azioni positive ed etiche senza avere aspettative e senza pretenderlo ti renderà felice e soddisfatto e ti permetterà di avere sempre la coscienza pulita non contaminata dai sensi di colpa.

Maturando una sana autostima e agendo sempre secondo l'etica non avrai più paura di essere privato dell' amore e quindi non avrai nemmeno più paura di essere giudicato o trattato in malo modo perché vivrai sempre nella consapevolezza di essere nel giusto e semmai commetterai un errore vivrai con la consapevolezza che non era tua intenzione, ti perdonerai e non rifarai più lo stesso errore.

La solitudine non ti farà più paura perché vivrai con la consapevolezza che anche da solo potrai trovare l'amore , in te stesso o nella natura e in ogni caso questa tua attitudine alla vita ti farà inevitabilmente circondare di persone che vorranno la tua compagnia , che ti stimeranno e che ti vorranno bene. Se incontrerai qualcuno che ti farà del male tu lo perdonerai e valuterai se allontanartene senza arrecargli danno o punizione, senza provare rabbia o rancori, semplicemente capirai che sei di fronte ad una persona non consapevole di ciò che tu hai appreso.

I DESIDERI E L'ANSIA

Ora che sei a conoscenza dei primi due livelli della paura sei pronto per comprendere un terzo livello, segreto e nascosto, che molti non riescono a cogliere e a capire perché si maschera e si mimetizza. Sto parlando della paura del futuro.

La paura del futuro è legata al concetto di immutabilità degli eventi e del cambiamento.

Un essere umano lotta per raggiungere un dato desiderio o obbiettivo e trovare così la sua zona di comfort ideale. Non appena la raggiunge però, ha una tremenda paura di perderla. La paura del futuro è illogica in quanto devi essere cosciente e prendere consapevolezza del fatto che tutto è in continuo mutamento e nulla dura per sempre. Ti basti pensare che per mantenere un certo standard di vita dovresti chiuderti in una caverna per sempre senza mai pensare, vedere o sentire alcunché. Equivale a vivere nell'oblio. Tutto muta perché la tua visione della vita stessa e della realtà è in continuo mutamento. Non averne paura perché è fuori dal tuo controllo. Ogni cosa esistente è fuori dal tuo controllo.

Tutto nasce, cresce e poi muore.

Ogni volta che desideri raggiungere un dato risultato, automaticamente e a volte inconsciamente nutri paura di non riuscire a raggiungerlo sviluppando così l'ansia. Questo concetto è applicabile a qualsiasi ambito della vita , dalle relazioni alla quotidianità, alla salute e al benessere, al mondo del lavoro e alla stabilità economica. Ma il rapporto Desiderio / Paura > Esperienza / Ansia > Risultato incerto non è una regola d'oro. Puoi anche provare desiderio senza paura e il trucco è non avere aspettative , desiderare l'esperienza ma non il risultato. Se non riuscirai a conseguire un risultato non importa o non dovrebbe ferirti o farti sentire insoddisfatto e infelice , questo perché comunque hai fatto l'esperienza del provare a conseguire un obbiettivo e perché hai imparato comunque qualcosa da questa esperienza a prescindere dal risultato. Concentrati quindi sul desiderare senza aspettative e in modo naturale l'esperienza e non il risultato.

L'equazione può così essere riprogrammata in
Desiderio > Esperienza > Risultato sempre positivo

L'ansia inoltre è inutile sotto diversi punti di vista perché non produce nulla di buono e non è produttiva ne positiva per lo svolgimento della tua esperienza.

Ma perché desideriamo il risultato e non l'esperienza ?
Perché vogliamo la soddisfazione e il compiacimento dell'essere riusciti a portare a termine un esperienza nel modo corretto e pensiamo che solo il risultato possa essere la prova del conseguimento dell'esperienza stessa? Se l'esito è positivo (spesso ricerchiamo questo esito tramite un voto o un giudizio altrui) saremo soddisfatti e avremo avuto la prova di aver conseguito il risultato.
Se invece tu desiderassi esperire l'esperienza stessa senza badare al risultato ecco che la soddisfazione sarà costante e continua , saremo soddisfatti a prescindere dal risultato e dal giudizio altrui.
Oltre alla soddisfazione derivante dalla realizzazione di un' esperienza , traiamo soddisfazione anche dal ricevere amore e tutti i suoi derivati come :

Essere accettati.

Essere giudicati idonei.

Ricevere un voto positivo.

Essere apprezzati per i propri pregi e per le proprie azioni.

Essere compresi e capiti.

Essere perdonati per i propri errori.

Essere elogiati.

Essere ritenuti importanti.

Essere d'ispirazione.

Essere fonte di felicità altrui.

Tutto ciò fa maturare in noi l'autostima che ci serve, come detto nei capitoli precedenti, per nutrire amore per noi stessi nei momenti di solitudine o quando lo stesso amore ci è negato dagli altri.

Spesso cerchiamo di realizzare il desiderio di essere amati in tutti i modi possibili , anche commettendo azioni negative o assumendo comportamenti negativi , come abbiamo detto anche delle paure, pensando erroneamente che "il fine giustifica i mezzi" o che le azioni negative possono darci un risultato positivo senza comprendere che il risultato positivo ottenuto con un' intenzione negativa porterà, sul lungo periodo, un risultato negativo anche se inizialmente ed effimeramente potrebbe portare ad un riscontro positivo.

Il trucco ancora una volta è desiderare la felicità di tutti , compresi noi stessi senza pretese e senza aspettative e perpetuando azioni con intenzioni positive, non desiderando di ricevere amore dagli altri o dai noi stessi a qualunque costo o perpetuando azioni con intenzione negativa.

L'ASPETTATIVA

Evita quindi l'attaccamento a persone , cose e situazioni, evita di desiderare con aspettative il risultato e, di conseguenza, evita di desiderare di ricevere amore o un giudizio positivo dagli altri. Dovresti desiderare, invece, di fare esperienze e desiderare di rendere felici gli altri donando il tuo amore incondizionatamente a chiunque attraverso azioni positive ed etiche con intenzioni positive disinteressandoti dal risultato, senza ansie e senza paure.

Il desiderio quindi non va abnegato rinunciando all'esperienza. Bisogna desiderare nel modo corretto le cose giuste per noi stessi e per gli altri rispettando il più possibile il benessere altrui e senza aspettarsi nulla come risultato dall'esperienza stessa.

I PREGI E I DIFETTI

Prima ho accennato ai pregi e ai difetti, vediamoli nel dettaglio.

Un pregio è quel tratto della nostra personalità che, se esercitato nel modo giusto, è motivo di apprezzamento favorevole, di considerazione e di lode da parte degli altri e di sé stessi e che quindi, come già sappiamo, sono un modello di comportamenti che portano un essere umano a compiere azioni etiche compiute con intenzioni positive che produrranno effetti positivi e dispensatori di amore verso gli altri e verso sé stessi.

Un difetto invece è quel tratto di personalità che , se esercitato in malo modo, è motivo di disprezzo e considerazione negativa e di infamia da parte degli altri e di sé stessi e che quindi, al contrario dei pregi, sono un modello di comportamenti che portano un essere umano a compiere azioni non etiche compiute con intenzioni negative che produrranno effetti negativi e quindi una privazione d'amore nei confronti degli altri e di sé stessi.

Ogni tratto della nostra personalità può essere ritenuto un pregio o un difetto a seconda di come questo tratto viene usato ed esperito dall'essere umano che lo possiede.
I più grandi tratti della personalità sono :

Estroversione / Introversione
Amicalità / Scortesia
Coscienziosità / Negligenza
Nevroticismo / Stabilità emotiva
Apertura Mentale / Chiusura Mentale

Si contano 638 tratti di personalità primari

234 ritenuti per loro natura dei pregi

292 ritenuti per loro natura neutrali

292 ritenuti per loro natura dei difetti

Tutti questi tratti nascono e si evolvono dai 5 grandi tratti e dai loro opposti che abbiamo visto poco fa. Dovresti sempre lavorare su te stesso per trasformare , mitigare o smussare ogni tuo tratto che è un difetto per gli altri e per te stesso e cercare di renderlo un pregio o eliminarlo del tutto.

I SENTIMENTI

Ci sono poi i sentimenti che caratterizzano come scegliamo di rapportarci nei confronti degli altri.

Esiste una scala di sentimenti che si possono provare nei confronti di un'altra persona . L'obbiettivo di un essere umano dovrebbe essere la felicità e l'estasi e può arrivarci percorrendo la via dell'amore e usando correttamente le cinque virtù universali :

Temperanza
Giustizia
Saggezza
Prudenza
Fortezza

Queste cinque virtù sono innate in un essere umano ma per usarle nel modo corretto devono essere comprese e coltivate grazie all'esperienza o all'educazione.

Le 5 Virtù sono come dei tratti della personalità speciali che permettono ad un essere umano di capire cosa sia giusto e cosa sbagliato e quindi di agire in un certo preciso modo davanti ad un problema , una situazione o nei confronti degli altri o di sé stessi.

Possiamo quindi affermare che le cinque virtù regolano l' **ETICA.**

Oltre all' **ETICA** un essere umano può agire per **ISTINTO,** spesso collegato alla **SOPRAVVIVENZA,** che invece non è una cosa tramandabile ma è un tratto che si affida alla memoria genetica e alle esperienze dell'intera specie umana vissuta prima di lui, è qualcosa di innato che però non tiene in considerazione l'etica, non si pone domande sul bene e sul male e va oltre.

Possiamo dire, quasi con certezza e tenendo sempre conto che potrebbero esserci delle eccezioni, che gli animali fondamentalmente agiscono solo per istinto e che l'etica è l'unico tratto che contraddistingue un essere umano da loro.

Grazie all'attivazione (positiva, equilibrata o negativa) di una o più delle 5 virtù davanti ad un dato evento o situazione o persona ecco che un essere umano può percorrere diverse vie per arrivare ad una soluzione.

La via dell' Amore (Verde)
La via dell' Odio (Rosso)
La via del Rimpianto (Grigio)
La via della Pazzia (Viola Scuro)
La via dell' Illuminazione (Celeste)
La via del Disgusto (Arancione)
Per un eccesso di amore si può percorrere anche la via dell' Attaccamento (Viola Chiaro)

Il compito di un essere umano dovrebbe essere la gestione del suo **ISTINTO** rapportato all' **ETICA** così che possa perseguire la via dell'amore e la via dell'illuminazione evitando le altre vie in modo da poter raggiungere L' **ESTASI** , il sentimento più piacevole in assoluto che porta alla pace dei sensi e all'amore universale per se stessi e per ogni essere vivente. Più forte anche della felicità , l' ESTASI è paragonabile al piacere divino e alla trascendenza.

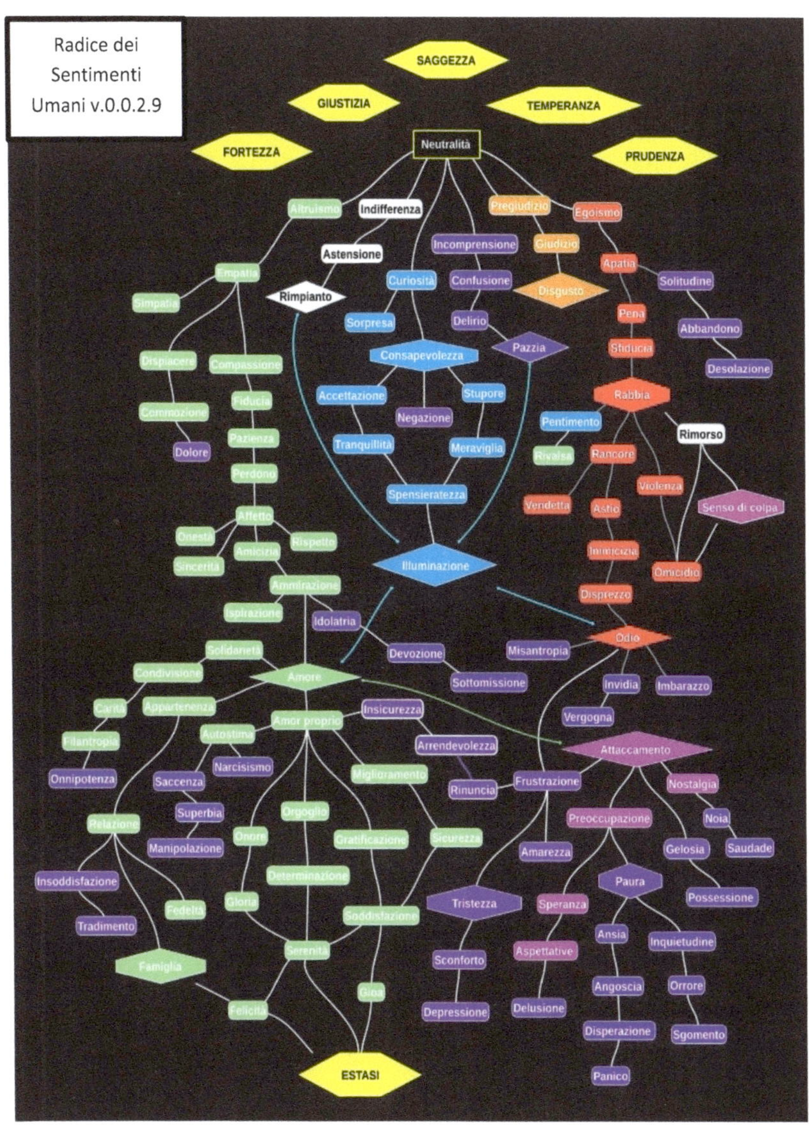

Radice dei Sentimenti Umani v.0.0.2.9
SAGGEZZA
GIUSTIZIA
TEMPERANZA
FORTEZZA
Neutralità
PRUDENZA
Altruismo
Indifferenza
Pregiudizio
Egoismo
Astensione
Incomprensione
Giudizio
Apatia
Empatia
Curiosità
Confusione
Disgusto
Solitudine
Simpatia
Rimpianto
Sorpresa
Delirio
Pazzia
Pena
Abbandono
Dispiacere
Compassione
Consapevolezza
Stupore
Sfiducia
Desolazione
Commozione
Fiducia
Accettazione
Negazione
Rabbia
Dolore
Pazienza
Tranquillità
Meraviglia
Pentimento
Rimorso
Perdono
Rivalsa
Rancore
Spensieratezza
Violenza
Affetto
Vendetta
Astio
Senso di colpa
Onestà
Rispetto
Amicizia
Inimicizia
Sincerità
Ammirazione
Omicidio
Ispirazione
Illuminazione
Disprezzo
Idolatria
Solidarietà
Devozione
Misantropia
Odio
Condivisione
Amore
Sottomissione
Invidia
Imbarazzo
Carità
Appartenenza
Insicurezza
Vergogna
Filantropia
Autostima
Amor proprio
Arrendevolezza
Attaccamento
Onnipotenza
Narcisismo
Miglioramento
Frustrazione
Nostalgia
Saccenza
Rinuncia
Preoccupazione
Noia
Relazione
Superbia
Orgoglio
Sicurezza
Gelosia
Saudade
Manipolazione
Onore
Gratificazione
Amarezza
Possessione
Insoddisfazione
Determinazione
Paura
Fedeltà
Gloria
Soddisfazione
Tristezza
Speranza
Tradimento
Serenità
Sconforto
Aspettative
Ansia
Inquietudine
Famiglia
Gioia
Depressione
Delusione
Angoscia
Orrore
Felicità
Disperazione
Sgomento
ESTASI
Panico

GLI ISTINTI E LE PULSIONI

Una volta raggiunta l' **ESTASI** avendo abbandonato completamente
la via dell' Attaccamento e le altre vie, mantenendo attive sempre e
solo la via dell' Illuminazione e quella dell' Amore, un essere umano
si sarà spogliato di ogni istinto e pulsione che porterebbero ad azioni
negative nei propri confronti e nei confronti degli altri.
Sarà un essere umano retto , indipendente , compassionevole ,
maturo , saggio e imperturbabile. Niente potrà mai scalfirlo e sarà in
grado di tramandare e insegnare come si percorre la via dell'amore
anche agli altri nonché ai suoi figli.
Avrà maturato l'idea che tutti gli esseri viventi sono al tempo stesso
delle madri, dei padri e dei figli di cui prendersi cura.
Concepirà l'idea dell' **UNO** e di come tutti gli esseri viventi siano
collegati e uguali a lui e quindi aventi gli stessi diritti inalienabili di
poter vivere in quanto nati senza la loro volontà. Avrà maturato
l'idea che ogni essere vivente ha il diritto e il dovere di imparare l'
ETICA e di imparare a gestire i propri **ISTINTI** .

I BISOGNI ESSENZIALI

Gli Istinti nascono dal bisogno di soddisfare i bisogni essenziali di un essere umano.

Grazie agli studi dello psicologo Abraham Maslow sono stati rivelati alla coscienza umana 5 bisogni essenziali ovvero :

Fisiologici (cibo , sesso , sopravvivenza)
Sicurezza (leggi , morale , sostentamento)
Appartenenza (relazioni , famiglia , amici , parenti)
Stima (lavoro , status , arte , sport)
Autorealizzazione (desiderio di miglioramento e perfezione)

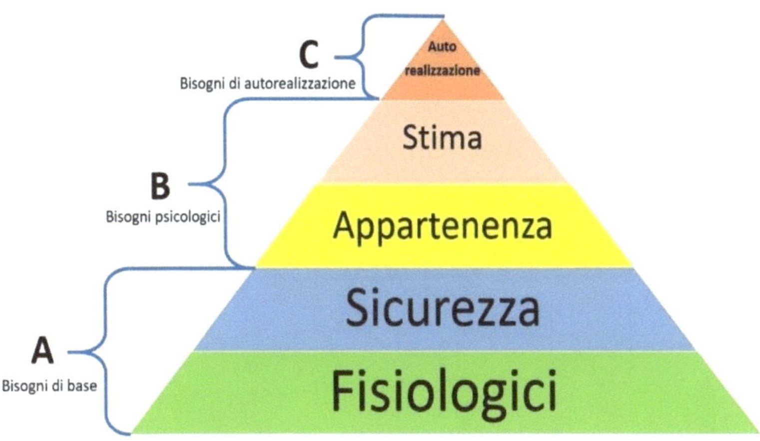

Per i bisogni fisiologici ti ho già spiegato che basta soddisfarli con etica e perseguendo quanto più possibile la via dell'amore.

Per la sicurezza dovrai scendere ad un compromesso

+ Sicurezza
+ Controllo
- Privacy
- Libertà

Ricordati sempre di questo compromesso e valuta sempre la sicurezza concessa dalla società in cui vivi.
È una sicurezza necessaria ? Indispensabile ?
Cosa penseresti se una persona volesse proteggerti ma tu non ne avessi bisogno ? Poniti sempre queste domande perché la privacy e la libertà individuale è un tuo diritto in quanto essere umano e la sicurezza, purtroppo, tende a privarti di esse.

Ricorda: non esiste la sicurezza totale, nessuno potrà mai garantirti totale protezione dagli eventi casuali o negativi che potrebbero accaderti nella tua vita.

IL BISOGNO DI APPARTENENZA E L'ATTACCAMENTO

Il bisogno di Appartenenza è un bisogno sacro per un essere umano ma attento , le relazioni di qualsiasi tipo come quelle con gli amici o con i genitori o con un partner o un figlio devono essere costruite basandosi sull'appartenenza e non sull'attaccamento che come già sai è deleterio e sviluppa una serie di complicanze come la paura , la gelosia , l'ansia e l'insoddisfazione.

L'appartenenza è un sentimento, è il senso di inclusione e la percezione del proprio valore personale in un determinato contesto.

Ci sentiamo appartenenti quando percepiamo di essere accettati come membri, quando le nostre differenze sono riconosciute e tollerate, quando ci sentiamo connessi con gli altri, in totale sicurezza. Ci sentiamo appartenenti quando vogliamo bene e proviamo amore per un essere vivente senza aspettative e senza pretese , in modo incondizionato. Vogliamo solo la felicità della persona che amiamo. Non imponiamo loro di accettare il nostro aiuto , non desideriamo il loro supporto o il loro amore .

L'attaccamento invece è deleterio e nasce da un desiderio egoistico di voler ricevere l'amore sempre e comunque , in qualsiasi momento lo necessitiamo perché crediamo di meritarcelo o che ci sia dovuto.

L'attaccamento può nascere da un eccesso d'amore o da una mancanza di amore dopo averne ricevuto e dopo averne goduto. La paura di perdere questo amore sviluppa l'attaccamento.

Attento , puoi nutrire attaccamento anche per una certa condizione o comfort che stai vivendo e persino per le cose che possiedi.

La paura della morte di un familiare , la paura di perdere l'automobile, la paura di perdere il partner sono tutte conseguenze dell'attaccamento.

Sentirsi appartenenti senza attaccamento ad un partner , alla famiglia , ad un gruppo di persone o agli esseri viventi porta alla soddisfazione , alla felicità e infine all'estasi.

Devi capire che niente nella vita è costante. Tutto è mutevole e incline al cambiamento , persino la vita stessa finisce quando sopraggiunge la morte. Questo cambiamento continuo della realtà e dell'ambiente è fuori dal tuo controllo e non dovrebbe farti paura ma dovresti solo accettarlo e goderti ogni istante che vivrai attraverso le tue esperienze . Se costruirai bene le tue relazioni e la tua famiglia evitando l'attaccamento e sviluppando l'appartenenza vivrai sempre una vita soddisfacente e felice esente da ansie e paure.

Accetta la morte dei tuoi cari , accetta gli eventi rari che potrebbero accaderti nella vita ed evita di vederli come disgrazie o fortune .
Non esiste la fortuna e la sfortuna, anche un evento negativo può risultare positivo nel lungo periodo . Non esistono disgrazie ma solo eventi . Starà a te e al tuo **Mood** (modo di prendere e affrontare gli eventi e i problemi) che cambierà l'esperienza stessa.

IL BISOGNO DI STIMA E L'AUTOSTIMA

Dopo l'appartenenza arriva l' autostima nella piramide dei bisogni umani.

L'autostima nasce dall'amore , in particolare dall'amor proprio ma se cresce sotto l'influenza di sentimenti negativi che inevitabilmente privano sempre di più dell'amore degli altri in favore dell'amor proprio egoista può diventare assai pericolosa.

Da una cattiva, squilibrata e sregolata autostima nasce il NARCISIMO (uno dei VELENI della coscienza)

Si sviluppano inoltre atteggiamenti e sentimenti negativi verso se stessi come la SUPERBIA e la SACCENZA e verso gli altri come la MANIPOLAZIONE .
I VELENI sono gli estremi negativi della coscienza umana.
Sono ciò che corrompe di più l'anima di un essere umano e che lo portano ad uno squilibrio totale.
Spesso un veleno è anche chiamato "disturbo della personalità" o "malattia mentale" .
I VELENI più pericolosi (spesso dopo di loro non c'è nulla di più negativo) sono :

- Paranoia
- Schizoidia
- Schizofrenia
- Psicopatia
- Antisocialità
- Onnipotenza
- Misantropia
- Desolazione

- Istrionica
- Saudade
- Apatia
- Dipendenza
- Ossessione
- Depressione
- Panico
- Compulsione

L'essere umano ricerca e sviluppa la propria stima non solo attraverso i sentimenti che prova verso se stesso e gli altri ma anche attraverso le azioni che compie nella sua vita e che gli producono soddisfazione.

Ci sono 5 grandi settori su cui si sviluppa la stima :

Lavoro
Passione
Missione
Vocazione
Realizzazione

CAPITOLO 4 – CONSAPEVOLEZZA DELLO SCOPO

La Passione, La Missione, La Vocazione, La Professione e la Realizzazione

LA PASSIONE

Ogni essere umano compie azioni per avere della soddisfazione a monte. Per trarre questa soddisfazione può sfruttare la passione ovvero ciò che gli piace fare e che sa fare meglio.

Spesso una passione riguarda l'arte come disegnare , cantare , scrivere o recitare.
Altre volte la passione è fare sport.
Altre volte ancora migliorarsi scoprendo o studiando.

Qualsiasi azione concepibile può essere una passione , anche contare o parlare.

Prova a pensare a cosa ti piace fare e cosa ti esce meglio fare, secondo il tuo punto di vista, più di ogni altra cosa e troverai la tua passione.

Per farti un esempio la mia passione è migliorarmi e migliorare gli altri quindi delle probabili azioni che potrei compiere potrebbero essere : mandare messaggi , insegnare , studiare , scrivere.

Ho anche un'altra passione ovvero emozionarmi e fare emozionare gli altri, possibilmente attraverso l'arte.

Se unisco le mie due passioni l'azione che più amo fare e che mi esce meglio fare potrebbe essere scrivere sceneggiature inserendo dei messaggi nelle mie opere che possano insegnare qualcosa o aiutare gli altri migliorandoli ed emozionandoli.

LA MISSIONE

La missione è ciò che ti piace fare e allo stesso tempo ciò che può migliorare il mondo o essere utile al mondo. Con mondo intendo tutti gli esseri viventi compresi gli esseri umani e la natura .

Devi pensare intensamente a quale potrebbe essere la tua missione , le mie missioni sono :

Supportare i bambini
Stimolare gli Adolescenti
Motivare gli adulti
Ascoltare gli anziani
Creare cose utili e innovative
Proteggere gli Animali e Natura
Tramandare la Conoscenza
Risvegliare le persone
Raggiungere l'illuminazione //
Evolvermi // Perpetuare il Bene

LA VOCAZIONE

La vocazione è ciò che può migliorare il mondo e che può sostentarti economicamente.

Dato che insegnare , tramandare e migliorare gli altri sono tutte cose che potrebbero migliorare il mondo, la mia vocazione potrebbe essere fare l'insegnante , fare lo scrittore di saggi o opere educative, fare l'attivista o il politico , lottare per i diritti delle persone, fare il talent manager per artisti.

LA PROFESSIONE

La professione invece è ciò che ti permette di sostentarti e, allo stesso tempo, ciò che sai fare bene.

Io so scrivere belle storie e so comunicare bene le mie idee , so imparare e tramandare efficacemente e di conseguenza potrei lavorare come scrittore o come insegnante per sostentarmi.

LA REALIZZAZIONE DEL SE'

Tirando le somme, l'obbiettivo è trovare quella cosa da fare nella vita che possa soddisfare sia le proprie passioni, che le proprie missioni e vocazioni e che potrebbe essere anche un lavoro e una professione.

Nel mio caso lo scrittore e l'insegnante sono i due lavori che più mi uscirebbero meglio, che più mi piacerebbe fare , che meglio aiuterebbero il mondo e da cui potrei anche ricavare il mio sostentamento economico.

Una volta trovata l'attività perfetta per te ti sentirai estremamente appagato nel farla , ti sentirai in linea con i tuoi desideri e i tuoi bisogni e raggiungerai la realizzazione ovvero l'ultimo livello della piramide dei bisogni .

CAPITOLO 5 – CONSAPEVOLEZZA DELLA REALIZZAZIONE

Soldi, Potere, Successo e Fama, Reputazione

Per giungere alla realizzazione personale molti esseri umani non seguono la via dello scopo accompagnata da quella dell'amore bensì cercano di ottenerla attraverso degli strumenti , con la forza e perseguendo la via dell'odio e della pazzia. Ora analizzeremo gli strumenti come il denaro e il potere.

I SOLDI

I soldi sono semplicemente una merce di scambio che ottieni spendendo la cosa più preziosa che hai , il tuo tempo.

Sono necessari per sopravvivere ma cerca di trovare un equilibrio , non desiderare cose che in realtà non ti servono o di cui potresti farne a meno. Sii parsimonioso e spendi i tuoi soldi dando a loro il valore che meritano e rapportandoli al tempo che hai impiegato per ottenerli. Cerca di non farti corrompere dal comfort e dal giudizio altrui perché ti porteranno sempre a desiderare cose che in realtà non vorresti veramente. Infine tieni sempre presente che l'amore non si può comprare e che non ti sentirai mai realizzato solo con il denaro.

IL POTERE

Grazie ai soldi , ma non solo , si può ottenere una delle cose che più desidera un essere umano medio sin dall'antichità.

Il potere.

Il potere permette ad un essere umano di imporre le sue idee sugli altri , di essere servito e riverito dai suoi sudditi, di essere rispettato e temuto.

Il potere è un veleno e nasce dal desiderio negativo ed egoista di ricevere non più amore ma solamente ciò che l'amore produce di positivo.

Chi ricerca il potere pensa di poter ottenere ciò che vuole, qualsiasi cosa lui desideri senza però essere consapevole che potrà si ottenere gli effetti dell'amore ma che in realtà non riceverà mai l'amore puro attraverso esso, anzi , sarà più probabile che esercitando il potere attirerà a sé l'odio e l'invidia delle persone , creerà attaccamento nei suoi confronti e quindi paura , invidia , gelosia eccetera... Alla lunga , chi si basa sul potere per vivere, maturerà devianze nella personalità provando un gran senso di solitudine e di isolamento , di onnipotenza o di superbia , eserciterà la manipolazione per avere potere sugli altri. Il potere è una droga che provoca attaccamento ad esso e quindi si proverà anche paura di perderlo sviluppando parecchia ansia , angoscia e panico.

Il potere non va mai desiderato ne ricercato e nemmeno esercitato . Se ti comporterai bene seguendo la via dell'amore ti accorgerai che saranno gli altri a concederti il potere vedendoti come guida o come mentore , chiedendoti consigli , trattandoti con rispetto.

Tu comunque non dovrai esercitare mai il tuo potere naturale per ottenere qualcosa da esso se non altro bene. Non dovrai mai esercitare potere per egoismo o procurando del dolore e della sofferenza negli altri.

FAMA E SUCCESSO / REPUTAZIONE

Soldi e potere non sono le uniche cose che un essere umano
desidera costantemente nella sua vita . Anche la fama e il successo
sono due pulsioni da saper gestire e da comprendere.
La fama e il successo sono due estensioni che riguardano l'ambito
della reputazione .

La reputazione è banalmente ciò che gli altri pensano di te. Se avrai
una reputazione positiva le persone penseranno che tu sia degno
della loro fiducia o che tu sia una brava persona a prescindere dalle
tue azioni. Se invece avrai una reputazione negativa le persone
penseranno che sei una cattiva persona sempre pronta a fare azioni
negative per gli altri.

La reputazione non ti assicura un risultato ma rende tale risultato più
sicuro.

La reputazione però si può creare anche per via indiretta e quindi
non attraverso le tue azioni passate.

La ricerca della fama e del successo sembrano delle valide alternative
alle tue azioni, più gente proverà ammirazione per te più avrai una
buona reputazione e un buon motivo per cui le persone possano
risultare aperte nei tuoi confronti.

Il problema sorge quando l'ammirazione degli altri, derivata dalla
fama e dal successo, si trasforma in idolatria o quando, per via
dell'invidia, la gente comincia a provare rabbia nei tuoi confronti.

Non dovrebbe interessarti così tanto la fama e il successo manipolato e creato da te stesso ma dovresti accettare la fama e il successo in quanto conseguenza delle tue azioni positive.

Ricordati che se ricerchi la fama e il successo per arrivare all'idolatria da parte degli altri sul lungo periodo e dopo un dato tempo sarai condizionato così tanto dall'opinione e dal giudizio altrui che ti sentirai privato della tua personalità e svilupperai sentimenti negativi che ti porteranno a compiere azioni negative.

È bene quindi costruirsi una reputazione involontariamente e indirettamente. Agendo sempre nel bene e seguendo la via dell'amore inevitabilmente la tua reputazione crescerà in positivo e anche se qualcuno proverà invidia nei tuoi confronti sarà invidia positiva e non potrà fare altro che provare anche ammirazione per te.

Alla lunga e dopo un dato tempo riceverai amore e azioni positive dagli altri e dalla vita in generale.

Ora che sei a conoscenza della consapevolezza della reputazione sei pronto per la consapevolezza della vita.

CAPITOLO 6 – CONSAPEVOLEZZA DELLA VITA

Spirale della consapevolezza umana, Gli stadi della coscienza umana , l' Universo / l' Uno, l' Illuminazione

LA SPIRALE DELLA CONSAPEVOLEZZA UMANA

Prima di capire il concetto di vita e esistenza intesa come L'UNO , IL TUTTO, L'UNIVERSO e DIO è bene che tu comprenda definitivamente che gli altri esseri umani e te stesso siete parte di una società che è quella umana e globale e per farlo dovrai semplicemente capire , metabolizzare e analizzare a fondo uno studio fatto dal professor Graves chiamata "Dinamica a Spirale della Consapevolezza Umana"

Le Dinamiche a Spirale sono una teoria sviluppata per comprendere l'evoluzione degli esseri umani e del "perché" fanno quello che fanno nella loro vita. Di fatto prende in considerazione due elementi: le condizioni di vita (cioè i "problemi" da risolvere) e le capacità mentali (cioè la capacità di affrontare i problemi in un determinato momento o contesto).

L'argomento però è davvero troppo complesso e servirebbe un intero libro per comprenderlo appieno, per questo mi limiterò a citare un libro che devi assolutamente leggere e se non lo troverai da nessuna parte , studia le ricerche del Dottor Carl Graves , Psicologo e professore dell'università "Union College" in NY
- "modello dell'emergente doppia elica ciclica dello sviluppo del sistema biopsicosociale adulto" (ECLET Emergent Cyclical Levels of Existence Theory)

per ora ti lascerò solo uno schema riassuntivo che , la prima volta che lo osservai, mi fece subito venire voglia di saperne di piu' e di approfondirlo.

vMeme / Colore		Target	Pensiero	Orientamento	Stile di Vita
9	Corallo	Tutti	Infinito	Immaginativo, trascendente, ricerca l'illuminazione	Vive per gli altri
8	Turchese	Tutti	Olistico Olarchico	Compassionevole, intuitivo, ha il senso olistico e spirituale	Vive per la saggezza
7	Giallo	Io	Sistemico	Ricerca la flessibilità, la competenza, la spontaneità e l'equilibrio	Vive per sinergia
6	Verde	Noi	Umanista	Basato su amore, armonia, libertà e sul senso di appartenenza ad una comunità	Vive per una causa
5	Arancione	Io	Materialista	Intraprendente, strategico, tende al successo, vuole migliorare le cose	Vive per guadagnare
4	Blu	Noi	Assolutista	Basato su ordine e certezze, dogmatico, guidato da uno scopo	Vive per il futuro
3	Rosso	Io	Egocentrico	Indirizzato al potere e all'azione, impulsivo	Vive per il presente
2	Porpora	Noi	Animistico Magico	Valorizza i legami familiari, sociali, tribali	Vive per il passato
1	Beige	Io	Istintivo	Sopravvivenza (cibo, sonno, riparo, sicurezza)	Vive per sopravvivere

Grazie allo studio delle dinamiche a spirale sono riuscito a comprendere il perché alcune persone che ho incontrato nella mia vita e che incontro tutt'ora sembrano vivere su un'altra dimensione rispetto alla mia. Sono riuscito a capire perché una persona crede che la via dell'odio sia l'unica soluzione possibile da attuare nella vita o del perché una persona agisce con la violenza per ottenere potere o, ancora, perché esistono persone dalla mentalità chiusa o persone che fanno della scienza una religione.

Grazie a questi studi ho maturato ancora più compassione ed empatia verso le persone più problematiche quindi credo sia doveroso spingerti a studiare tali teorie a tua volta prima di proseguire con il prossimo argomento.

 Ti consiglio il libro "The Spiral - Capire e prevedere i comportamenti degli altri con le Dinamiche a Spirale" scritto da Christopher C. Cowan , Natasha Todorovic , Claudio Belotti

GLI STADI DELLA COSCIENZA UMANA , L'UNIVERSO E L'ILLUMINAZIONE

È bene che io ti spiega a grandi linee e molto superficialmente (ricordati di andare sempre a fondo ad ogni cosa che ti spiego e di non fermarti alla superficie) la teoria dei 17 stadi della coscienza umana.

Quando intraprendiamo la via dell'odio o una delle altre vie che non siano quella dell'amore cominciamo a crearci delle convinzioni nella nostra coscienza. Cominciamo a modificare la visione di Dio a seconda delle nostre esperienze e ci convinciamo che Dio o la vita possa avere una qualche intenzione per noi e per la nostra esistenza. È a questo punto che maturiamo l'idea di destino o fato. Pensiamo che le cose che ci succedono , belle o brutte che siano , causa di sofferenza o di gioia , siano dei doni di Dio o delle punizioni.

A seguito di questi pensieri cominciamo a maturare dei sentimenti specifici verso Dio e la vita e agiamo nei confronti di noi stessi e degli altri seguendo questi sentimenti e tramutandoli in azioni.

DIO / LA VITA	QUINDI	PROVO	SONO	RAGGIUNGO
Sono io	È Tutto	Estasi	Ineffabile	Trascendenza
È Tutto	È Perfetto	Pace	Beato	Trasfigurazione
È l' Uno	È Completo	Gioia	Felice	Illuminazione
È Amorevole	È Buono	Amore	Sereno	Consapevolezza
È Saggio	È Messaggero	Felicità	Comprensivo	Intuizione
È Perfetto	È Armonioso	Benessere	Riverente	Realizzazione
Mi Ispira	È Speranza	Volontà	Ottimista	Accettazione
Mi Aiuta	È Soddisfacente	Neutralità	Fiducioso	Astrazione
Mi Permette	È Realizzabile	Coraggio	Determinato	Soddisfazione
È Indifferente	È Ardua	Orgoglio	Sprezzante	Autonomia
È Vendicativo	È Cattivo	Rabbia	Rancoroso	Autocontrollo
Mi Nega	È Proibitivo	Desiderio	Ansioso	Non Attaccamento
Mi Punisce	È Spaventoso	Paura	Timoroso	Sicurezza
Mi Ignora	È Egoista	Sconforto	Solo	Indipendenza
Mi Condanna	È Giudizievole	Insicurezza	Triste	Autostima
Mi Richiede	È Pretenzioso	Senso di Colpa	Disperato	Ragione
Mi Disprezza	È Ripugnante	Vergogna	Umiliato	Negazione

Esistono 17 livelli e per capire ogniuno di loro e capire in quale stadio ti trovi dovrai fare questo ragionamento :

Primo stadio (VERGOGNA)
La vita / Dio mi disprezza , quindi è ripugnante, provo vergogna per lei e per me stesso , mi sento umiliato e nego la realtà.

Secondo stadio (SENSO DI COLPA)
La vita / Dio mi richiede, quindi è pretenzioso, provo un senso di colpa nei suoi e nei miei confronti, mi sento Disperato e raggiungo la ragione.

Il nono stadio (CORAGGIO) è il punto di svolta.
Solo grazie a questo stadio e grazie al coraggio riuscirai a fare un lavoro di introspezione personale per capire quale stadio non riesci a

superare e infine lo supererai maturando come persona e iniziando a
perseguire la via dell'amore.

Il nono stadio si legge in questo modo :
La vita / Dio è permissivo , quindi tutto è realizzabile, io trovo il
coraggio per realizzare ogni cosa , sono determinato e raggiungo i
miei obbiettivi sentendomi soddisfatto.

Superati tutti gli altri stadi grazie al coraggio si entra nel decimo
stadio .

Dal decimo stadio al dodicesimo stadio si sta sviluppando l'ottimismo
e l'accettazione.
Penseremo che dio / la vita ci voglia aiutare , ci sentiremo
estremamente fortunati e in armonia con la nostra vita , ci sentiremo
realizzati e capaci di tutto . Il nostro motto sarà : posso fare ciò che
desidero perché l'universo è dalla mia parte.

Ma con il dodicesimo livello (REALIZZAZIONE) la nostra visione della
vita cambierà inevitabilmente perché raggiungeremo infine la
consapevolezza della TRASCENDENZA.
Nel dodicesimo livello la vita / Dio è perfetto, giusto e armonioso.
Noi lo abbiamo compreso e lo vediamo bellissimo e perfetto anche
quando il nostro peggior nemico ci fa un torto, accettiamo la morte e
la vita così come è senza aspettative e senza la pretesa di avere un
qualche controllo su di essa. E come ultimo step ecco che capiamo la
spiritualità , maturiamo l'idea di avere un anima e che quest'anima è
collegata a tutte quelle degli altri esseri viventi. Intravediamo
qualcosa che prima non vedevamo, l'idea di una vita oltre alla morte
, l'idea di paradiso , di piano superiore.

Capiamo che tutto ha un senso pur non avendolo e iniziamo a concepire l'idea di trascendenza.

Perseguire la via del bene e dell'amore è l'unica soluzione , l'unica speranza per l'anima.

Si abbandona il materialismo e i sentimenti negativi. Si matura l'idea di anima universale e si entra nel tredicesimo stadio.

Dal tredicesimo al sedicesimo stadio Dio e la vita assumono un connotato più grande. Dio è l'universo ed è anche la vita stessa. Dio è onnipresente e esiste in ogni cosa , animale , particella. La nostra anima e quella di ogni altro essere vivente arriva dalla stessa fonte , dall'origine della vita stessa. Dio vuole solo il nostro bene e anche quando accade quella che può sembrare una disgrazia è invece un modo che l'universo ci dona per farci capire determinate dinamiche della nostra vita. Starà a noi poi provare sentimenti positivi in relazione all'evento che ci è capitato.

Dio è perfetto e ha progettato la vita in un modo a noi incomprensibile e comprensibile allo stesso momento, ci manda continuamente messaggi d'amore per farci capire quanto lui ci ami . Ogni singolo cinguettio, ogni singolo essere vivente , ogni singolo raggio di sole, ogni cosa è un dono di Dio e dell'universo nei nostri confronti.

Ci sentiamo in pace con noi stessi. Sperimentiamo la gioia e l'estasi . Siamo persone felici.

Raggiungiamo la beatitudine e la serenità e seguiamo incessantemente la via dell'amore. Ci sentiamo parte del tutto e in quanto tali portiamo massimo rispetto per ogni essere vivente. Ci sentiamo a nostro agio con la natura e niente ci fa più paura.

"Imparai questo, almeno, dal mio esperimento: che se uno avanza fiducioso nella direzione dei suoi sogni, e cerca di vivere la vita che s'è immaginato, incontrerà un inatteso successo nelle ore comuni. Si lascerà qualcosa alle spalle, passerà un confine invisibile; leggi nuove, universali e più libere cominceranno a stabilirsi dentro e intorno a lui; oppure le leggi vecchie saranno estese interpretate in suo favore in senso più ampio. Così egli vivrà con la licenza di un più alto ordine di esseri. In proporzione a quanto egli semplifica la sua vita, le leggi dell'universo gli appariranno meno complesse, e la solitudine non sarà tale, né la povertà sarà povertà, né la debolezza debolezza."
Thoreau

E' a questo punto che accediamo all' **ILLUMINAZIONE**.

In questo stadio Dio è tutto ed è la vita stessa e siccome noi siamo Dio siamo anche la vita stessa e tutto.

Alla fine di questo viaggio sperimenteremo l' **ESTASI UNIVERSALE** .
Vivremo la vita millisecondo per millisecondo e la vita stessa, lo spazio e il tempo saranno solo concetti astratti e ineffabili.
Non ci saranno più risposte da cercare ne cose da sperimentare perché capirai che dentro di te hai tutta la conoscenza della specie umana, di ogni essere vivente e di ogni micro-particella o micro-organismo, del cosmo e dell'anima. Ti sentirai pronto per ascendere ad un altro piano di esistenza o a tornare in questo piano per aiutare gli altri esseri viventi a raggiungere l'illuminazione come hai fatto tu.
Nella cultura e nella filosofia buddhista le persone che decidono di rinascere di nuovo come esseri umani e di non trascendere ad un piano superiore con il solo scopo di aiutare TUTTI a trascendere sono chiamati Bodhisattva , ma questa è un'altra storia.

Ora va… segui la via dell'amore e dell' illuminazione , crea rapporti sani di amicizia, ama i tuoi genitori e tutti gli esseri viventi come se fossero tuoi figli , costruisci una famiglia se lo desideri e sperimenta la gioia infinita e l'amore incondizionato verso i tuoi figli e infine raggiungi l'illuminazione e scegli se trascendere alla fine della tua splendida vita piena di doni dell'universo o se rinascere e tornare di nuovo in questo mondo per fare altre esperienze e per aiutare tutti gli esseri viventi utilizzando sempre e solo l' Etica e la consapevolezza tutta. Se seguirai questi insegnamenti morirai con il sorriso stampato in volto e sentirai il potere divino della realizzazione finale e della libertà spirituale.

È per questo motivo figlio mio che ti ho voluto lasciare questo scritto o questo podcast .

Per farti capire che c'è solo una via che porta all'estasi e all'Illuminazione.

Che la realtà va sempre messa in dubbio , che bisogna ricercare la verità in ogni cosa e che bisogna seguire la via dell'amore e non quella dell'odio e della paura.

Tu sei un essere speciale e in quanto tale io voglio prendermi cura di te. Il compito di un padre è uno e uno soltanto nei confronti degli esseri viventi tutti suoi figli e allo stesso tempo padri e allo stesso tempo madri : Insegnare e Tramandare l' Etica

Così come il compito di una madre nei confronti di tutti gli esseri viventi suoi figli è : Insegnare e Tramandare l'Amore.

E tu figlio mio hai un compito da svolgere , diventare padre e madre e ancora figlio. Migliorare , fare esperienze , imparare e successivamente insegnare e tramandare ai tuoi figli ciò che hai appreso. Raggiungere l'estasi , la consapevolezza in tutte le sue parti e infine l' illuminazione.

Capisci figlio mio come tutto non ha un inizio ne una fine ma allo stesso tempo come tutto finisca ? Capisci e comprendi la natura mutevole della nostra vita ? Capisci che la morte non è più una punizione o una privazione e che ogni giorno noi ci addormentiamo morendo e ci svegliamo il giorno dopo rinati , ancora e ancora all'infinito ?

Io ti amo figlio mio.

Ti ho sempre amato ancor prima che tu fossi concepito.

E ti amerò per sempre in questa vita così come nelle prossime.

Sei parte di me così come io sono parte di te e saremo sempre collegati l'uno all'altro per l'eternità e l'infinito.

Grazie di esistere.
